Christa Kempter
wurde in Ingelheim am Rhein geboren. Sie hat vier Kinder und schreibt neben
Kinderbüchern auch viel für Rundfunk und Fernsehen.

Michael Bayer
wurde in Friedrichshafen am Bodensee geboren. Er machte eine Ausbildung als
Industriemechaniker und studierte danach Grafik Design an der Fachhochschule
in Münster. Seit einigen Jahren arbeitet er als freier Illustrator in Münster.

Christa Kempter · Michael Bayer

Meine allerschönsten
Mutmachgeschichten

Die Deutsche Bibliothek – CIP-Einheitsaufnahme

Ein Titeldatensatz für diese Publikation ist bei
Der Deutschen Bibliothek erhältlich

Dieses Buch wurde auf umweltfreundlich
hergestelltes Papier gedruckt.

Der Schneider Verlag im Internet:
http://www.schneiderbuch.de

© 2002 by Egmont Franz Schneider Verlag GmbH, München
Alle Rechte vorbehalten
Titelbild, Vorsatz und Illustrationen: Michael Bayer
Herstellung/Satz: Gabi Lamprecht, 12˙ Stoneserif
Druck/Bindung: Westermann Druck Zwickau GmbH, Zwickau
ISBN 3-505-11772-2

02 03 / 8 7 6 5 4 3 2 1

Inhalt

Wer hat Angst
im dunklen Keller?

Immer wenn Judith in den Keller geht, bekommt sie das große Kniezittern.

„Warum muss i c h denn gehen?", fragt sie, obwohl sie die
Antwort längst kennt: „Benjamin ist noch zu klein." Zu klein!
Wo er doch gerade mal zwei Jahre jünger ist!

„Angsthase! Angsthase!", ruft Benjamin, und das kann Judith
sich nicht gefallen lassen.

Der Keller ist groß, muffig und schrecklich dunkel. Die Glühbirne, die von der Decke baumelt, ist viel zu schwach und leuchtet nicht in die Ecken. Und gerade dort hocken sie doch, die Gespenster, Hexen und Monster!

Neben dem alten Schrank lehnt eine lange, dürre Gestalt. Die hat sich zwar noch nie bewegt. Aber wer weiß? Wenn sie eines Tages nun doch nach Judith grapscht? Über dem Regal mit den Gurkengläsern lauert eine schwarze Spinne, die nur darauf wartet, dass Judith näher kommt. In der finsteren

Ecke, wo die Kartoffelsäcke liegen, knistert und raschelt es ständig. Und dann die große Truhe mit dem halb offenen Deckel! Um die macht Judith immer einen Riesenbogen. Am Ende versteckt sich dort ein Monster, das sie in die Truhe zie-

hen will. Und was hockt da auf dem Stuhl? Unter einem Tuch versteckt? Nicht auszudenken, wenn es plötzlich hervorkommt! Nur schnell weg von hier! Ach je, die Gurken! Die hätte sie ja beinahe vergessen. Judith kneift die Augen zu, damit sie die Spinne nicht sehen muss, schnappt sich das Gurkenglas und rennt die Kellertreppe hinauf. Ihre Hände sind kalt und feucht und die Knie weich wie Butter.

„So kann das nicht weitergehen! Die arme Kleine", sagt die schwarze Spinne zu den Mitbewohnern im Keller. Gemeinsam überlegen sie, wie sie Judith helfen können. Und schon bald haben sie einen Plan.

Endlich ist es wieder so weit. Zaghaft kommt Judith die Kellertreppe herunter, um Kartoffeln zu holen.

„Hallo, Judith! Nicht erschrecken!", ruft es da neben dem Schrank. Genau dort, wo die lange, dürre Gestalt steht. Na so was! Das ist ja nur ein lausiger Besen! Er kommt aus der dunklen Ecke hervor, fängt an zu kehren und singt dabei mit tiefer Stimme:

> *„Ich bin ein alter Besen,*
> *bin nützlich mal gewesen.*
> *Doch als ein neuer kam ins Haus,*
> *da musste ich halt raus."*

Und schon ist er wieder auf seinem Platz neben dem Schrank. Judith steht da mit offenem Mund. Schwupp, da rutscht das Tuch vom Stuhl, und endlich sieht Judith, was darunter verborgen war: Omas altes Radio, das früher in der Küche stand.

„Drück mal auf den linken Knopf!", sagt es zu Judith. Und

schon ertönt leise Musik. Judith ist völlig durcheinander,
denn nun ruft es aus der anderen Ecke: „Mach doch mal den
Deckel auf!" Das war die Truhe. Judith klappt den Deckel weit
auf. Kein Monster ist darin, nur ein Berg von Kleidern und
Schuhen. Das darf doch nicht wahr sein! Sie schweben heraus
und fangen an zu tanzen. Das Ballkleid tanzt mit dem Anzug.
Die Regenjacke mit dem Nachthemd. Der Badeanzug mit der
Bluse. Und die Schuhe klappern den Takt dazu. Aus der finste-

ren Raschelecke huschen sechs Mäuse hervor, stellen sich auf
die Hinterbeine und tanzen mit. Judith klatscht in die Hände
und lacht.
„Na also!", ruft die schwarze Spinne über dem Regal.

Oh je! An die hat Judith gar nicht mehr gedacht. Doch die Spinne sagt freundlich: „Warum die ganze Angst? Jetzt weißt du, was alles hier im Keller ist und dass dir keiner etwas tut." Ja, jetzt weiß Judith Bescheid. Sie holt die Kartoffeln für

Mama, und zum ersten Mal steigt sie langsam und ruhig die Kellertreppe hinauf. Als sie wieder draußen im Hellen steht, reibt sie sich die Augen und denkt: War das wirklich echt? Oder habe ich das alles nur geträumt? Mama erzählt sie lieber nichts davon. Und Benjamin erst recht nicht. Der würde sie nur auslachen. Auf jeden Fall wird sie beim nächsten Mal etwas Käse einstecken. Für die Mäuse. Und wenn sie die Kellertreppe hinuntergeht, wird sie einfach rufen: „Hallo, alter Besen! Hallo, altes Radio! Hallo, ihr Kleider und Schuhe! Hallo, ihr Mäuse!" Und nachdem sie ein bisschen geschluckt hat: „Hallo, schwarze Spinne! Ihr braucht keine Angst zu haben. Ich bin's nur. Die Judith!"

Drachengeburtstag

Max, der kleine Drache, wird hundert. In der Nacht vor seinem Geburtstag kann er vor Aufregung kaum schlafen. Wenn ein Drachenkind hundert wird, wachsen ihm nämlich Zacken auf dem Rücken. Max spürt, wie es knirscht und knackt. Und am Geburtstagsmorgen ist es so weit: Max hat Rückenzacken wie die großen Drachen. Aber auch sonst ist so ein hundertster Geburtstag äußerst wichtig. Denn mit hundert kommt ein Drachenkind in die Schule.

14

„Allerhöchste Zeit!", sagt Papa Drache.

„Findest du nicht, dass er noch ein bisschen zu klein für die Schule ist?", fragt Mama Drache zaghaft.

„Dracherladrach!", schnaubt Papa Drache und stößt eine schwarze Rauchwolke aus. „Mich hat man schon mit Neunundneunzig in die Schule geschickt, und das merkt man heute noch!", behauptet er. „Oder kennst du einen gescheiteren Drachen als mich?"

Nein, Mama Drache kennt keinen.

Max jedoch verzieht die Schnauze. Von der Schule will er noch gar nichts wissen. Den ganzen Vormittag still sitzen und lernen! Und dann die Drachenlehrerin. Max' bester Freund hat erzählt, dass sie schrecklich lange Zähne hat und furchtbar wütend werden kann. Und der weite Schulweg! Zuerst durch den tiefen Wald und dann durch den schwarzen Sumpf. Dort, wo der steinalte Drachazelsus Gräuslich haust, vor dem sich alle Drachenkinder gruseln.

„Ich will jetzt nicht an Schule denken!", mault Max. „Das verdirbt mir den ganzen Geburtstag."

„Ist ja schon gut, mein Junge", meint Mama Drache und kocht Max einen leckeren Geburtstagsgrießbrei. Kaum hat Max ihn verschlungen, ertönt lautes Stampfen und Zischen vor der Höhle.

„Was ist das?", fragt Max erschrocken.

„Da werden wir doch gleich mal nachsehen!", faucht Papa Drache.

Seine Rückenzacken fangen an zu glühen, und er bläst sich

fürchterlich auf. So sehr, dass er im Eingang der Höhle stecken bleibt. Doch die ganze Aufregung war umsonst. Es ist nur Onkel Dragobert, der draußen steht und Max gratulieren will. Er staunt nicht schlecht, als er den eingeklemmten Papa Drache sieht.

„Was ist denn mit dir passiert?", ruft er. „Du hast wohl zu gut gefrühstückt!"

„Dracheraladrach!", zischt Papa Drache ärgerlich. „Hilf mir lieber hier loszukommen!"

Zum Glück ist Onkel Dragobert so stark wie drei Drachen zusammen. Außerdem hat er gerade zehn Eier und zwölf Brötchen gefressen. Ein kurzer, kräftiger Ruck, und Papa Drache ist befreit. Max freut sich. Wenn Onkel Dragobert zu Besuch kommt, ist immer etwas los. Heute, an Max' Geburtstag,

strengt er sich ganz besonders an. Zuerst macht er einen wunderbaren Kopfstand. Ohne mit den Hintertatzen zu wackeln. Dann schlägt er einen dreifachen Salto durch die ganze Höhle. Und nachdem er die Geburtstagstorte verschlungen hat, bläst er Qualm aus seinen Nasenlöchern: schwefelgelb, froschgrün und himmelblau. Denn Onkel Dragobert ist einer der wenigen Drachen, die farbig qualmen können.

„Wo hast du das alles gelernt?", fragt Max.

„In der Schule natürlich!", sagt Dragobert stolz. „Das alles und noch viel mehr."

Abends, als der kleine Drache in seinem Bett liegt, denkt er, dass es vielleicht doch nicht so schlecht ist zur Schule zu gehen. Und dass beste Freunde vielleicht nicht immer Recht haben. Was Onkel Dragobert kann, möchte er unbedingt auch lernen. Aber zuerst einmal muss er schlafen. Ein hundertster Geburtstag macht nämlich schrecklich müde.

Die kleine Frau Pumpernick

Frau Pumpernick ist ziemlich klein, und das macht sie oft traurig. Will sie am Küchentisch essen, muss sie sich ein dickes Kissen unterlegen. Will sie Wäsche aufhängen, braucht sie eine Leiter. Philipp, der Nachbarsjunge, sagt: „Es muss doch auch kleine Leute geben. Sonst wäre es ja langweilig."

„Findest du?", fragt Frau Pumpernick und seufzt tief.

Eines Tages entdeckt sie auf dem Speicher ein altes, vergilbtes Heft. Darin stehen lauter gute Ratschläge. Da heißt es zum Beispiel: Wer einschlafen will, muss Schäfchen zählen. Wer schön sein will, muss kalten Kaffee trinken.

„Na so was!", murmelt Frau Pumpernick und schüttelt den Kopf. Plötzlich stutzt sie. Hat sie richtig gelesen? Sie putzt ihre Brille und liest es noch einmal: Wer wachsen will, muss sich in den warmen Frühlingsregen stellen.

„Das passt ja wunderbar!", sagt die kleine Frau Pumpernick erfreut. „Wir haben Frühling, und es regnet."

Sofort läuft sie hinaus in den Garten und stellt sich mitten auf den Rasen.

Philipp, der Nachbarsjunge, kommt gerade vorbei. „Warum nimmst du keinen Schirm?", fragt er neugierig.

„Weil ich nass werden will!", antwortet Frau Pumpernick.

„Und warum willst du nass werden?"

„Weil man im warmen Frühlingsregen wächst", erklärt Frau Pumpernick. „Hast du das nicht gewusst?"

Nein, das hat Philipp nicht gewusst. Und er glaubt es auch nicht. Er stellt sich vor, wie enttäuscht Frau Pumpernick sein wird, wenn es nicht klappt. Plötzlich hat er eine tolle Idee. Heimlich geht er zur Wäscheleine und hängt sie einfach ein Stück tiefer. Dann schleicht er in Frau Pumpernicks Küche und tauscht den niedrigen Stuhl gegen einen höheren.
Am Abend kommt Frau Pumpernick ganz aufgeregt zu ihm. „Stell dir vor!", sagt sie. „Der Frühlingsregen hat wirklich geholfen. Ich brauche kein dickes Kissen mehr auf dem Stuhl und keine Leiter mehr zum Wäscheaufhängen!"
Philipp grinst. Und die kleine Frau Pumpernick sagt: „Mir scheint, du bist ein richtiges Schlitzohr! Aber irgendwie hat der Tipp mit dem Frühlingsregen ja doch geholfen!"

Gut gemacht, Freddy Frosch!

Freddy Frosch ist verliebt in Florentine, das hübsche Froschmädchen vom anderen Bachufer. Stundenlang schaut Freddy
zu ihr hinüber. Wenn sie dort sitzt und ihre langen, zarten
Beine ins Wasser baumeln lässt. Dumm ist nur, dass Florentine nie zu Freddy herüberschaut. Sie tut gerade so, als sei er

Luft. Da hat es Egon Glitsch schon besser, er ist ein großer
Frosch mit einem dicken Bauch. Tag für Tag hockt er neben
Florentine und quakt ihr ins Ohr. Freddy ist stocksauer auf
diesen aufgeblasenen Wichtigtuer, der allen Froschmädchen
schöne Glupschaugen macht und ihnen sämtliche Regenwür-
mer dieser Welt verspricht. Und Florentine fällt auch noch

darauf herein! Genauso wie auf Gustav Platsch, den Frosch
mit der schönsten und tiefsten Stimme weit und breit. Abend
für Abend sitzt er am Wiesenbach und quakt Florentine seine
Lieder vor. Neulich hat Florentine überall verkündet: „Der
Frosch, den ich einmal heirate, muss entweder einen dicken
Bauch oder eine tolle Stimme haben. Am besten natürlich
beides."
„Oho!", hat Egon Glitsch gequakt, als er das gehört hat, und

sich auf seinen Bauch geklopft. Gustav Platsch hat vor Begeisterung sein Lieblingslied gesungen:

> *„Kommt der Frosch zum Wiesenbach,*
> *wird er gleich vor Glück ganz schwach.*
> *Hüpft hinein ins kühle Wasser*
> *und wird nass und immer nasser.“*

Und was macht Freddy Frosch? Der betrachtet traurig sein Spiegelbild im Wasser.

„Wenn ich nur nicht so mager und mickrig wäre!", seufzt er.

„Und schön singen kann ich auch nicht."

„Mehr Schmeißfliegen essen, mein Junge!", quakt Mama Frosch. „Dann bekommst du bald einen dicken Bauch."

„Morgens bei Sonnenaufgang mit klarem Quellwasser gurgeln. Das macht eine schöne, kräftige Stimme", quakt Papa Frosch.

Freddy glaubt zwar nicht recht daran. Trotzdem hüpft er frühmorgens zur Quelle und gurgelt, bis ihm fast die Luft ausgeht. Doch leider ändert sich nichts. Freddys Bauch und auch seine Stimme bleiben dünn und mickrig.

Als Freddy wieder einmal todtraurig am Bachufer sitzt, kommt jemand durchs Gras gepatscht: die alte Kröte Hüpfnichtschnell.

„Lass den Kopf nicht hängen, Freddy", quakt sie. „Mager und mickrig sein ist gar nicht schlimm. Dafür hast du ein helles Köpfchen. Du musst dir etwas Besonderes ausdenken. Etwas, was Egon Glitsch und Gustav Platsch nicht können!"

„Du hast gut quaken!", meint Freddy. „Was soll ich mir denn ausdenken?"

„Das werden wir gleich haben", meint Hüpfnichtschnell und schleppt eine glitzernde Kugel herbei. Schließlich ist sie die berühmteste Hellseherin vom ganzen Wiesenbach. Sie dreht die Kugel hin und her, spuckt dreimal darauf und quakt: „Ich sehe … Moment mal … was sehe ich denn?"

„Nun mach schon!", ruft Freddy ungeduldig.

„Ich sehe ein wunderschönes Geschenk für Florentine. Und das hat vier Ecken."

„Und weiter?"

„Nichts weiter!", quakt Hüpfnichtschnell. „Den Rest musst du selbst herausfinden." Sie packt ihre Kugel und hüpft in aller Ruhe davon.

Freddy schnappt sich eine fette Fliege und denkt nach. Eigentlich keine schlechte Idee. Aber was um alles in der Welt soll er Florentine schenken? Er sucht das ganze Bachufer nach etwas Passendem ab. Dann die Wiese und zum Schluss noch den Waldrand – nichts. Es wird schon langsam dunkel, als er plötzlich etwas im Gebüsch entdeckt.

„Eins, zwei, drei, vier", zählt Freddy und macht einen Freudenhüpfer. Dieses Ding hat ja wirklich vier Ecken! Es ist zwar nur ein alter Schuhkarton und vom Regen schon etwas aufgeweicht. Doch, was soll's?

„Wenn ihr m i c h fragt, Leute", quakt Freddy, „genau das richtige Haus für eine Froschfamilie!"

Er polstert es aus mit Moos und zarten Blättern und legt noch ein paar Gänseblümchen hinein. Dann betrachtet er sein Werk von allen Seiten und ist zum ersten Mal richtig stolz auf sich. Mit großen Sprüngen eilt er zu Florentine. Die wird gerade von Egon Glitsch mit saftigen Regenwürmern gefüttert.

„Komm schnell!", quakt er. „Ich habe eine Riesenüberraschung für dich!"

Für Überraschungen ist Florentine immer zu haben. Sie lässt den verdutzten Egon Glitsch sitzen und hüpft eilig hinter Freddy her.

„Hier! Was sagst du nun?", quakt Freddy und zeigt auf seinen Schuhkarton.

„Was ist das?", fragt Florentine erstaunt und etwas ratlos.

„Weißt du das nicht, Liebste?", quakt Freddy ihr ins Ohr. „Ein Haus für dich und mich und unsere Kinder."

„Oh, wirklich?", quakt Florentine erfreut. „Ein richtiges Haus? Das hat keiner hier. Nur wir beide, Freddy."

Mit langen Froschbeinen steigen sie hinein und kuscheln sich ins Moos. Dann schauen sie verträumt den Vollmond an, und Florentine seufzt:

„Ach, Freddy! Wenn du auch keinen Bauch hast wie Egon Glitsch und keine schöne Stimme wie Gustav Platsch – einen Frosch mit so wunderbaren Ideen gibt's am ganzen Wiesenbach nicht noch einmal!"

Anna macht einen Ausflug

Anna geht für ihr Leben gern mit Papa in den Wald. Denn das ist jedes Mal ein echtes Abenteuer. Sie kriechen in dunkle Höhlen, untersuchen hohle Baumstämme und waten durch Bäche. Papa weiß, was da gerade im Gebüsch raschelt und welcher Vogel im Baum ruft. Und an den Spuren erkennt er, ob ein Fuchs, ein Reh oder ein Hase über den Weg gelaufen ist.

Es ist ein heißer Sommertag, und Anna will unbedingt einen Ausflug machen. Doch Papa sagt: „Tut mir Leid, Anna. Ausgerechnet heute habe ich keine Zeit. Vielleicht morgen."

Anna ist enttäuscht und hat kein bisschen Lust bis morgen zu warten. Sie setzt sich auf ihr Bett und denkt nach. Soll sie vielleicht mit Katja ins Schwimmbad gehen? Oder ein wenig Rad fahren? Da kommt ihr eine viel bessere Idee. Wenn Papa schon nicht mitgehen kann, macht sie den Ausflug halt allein. Ganz einfach. Sie holt ihren Rucksack und überlegt, was sie alles mitnehmen soll. Erst mal eine Tüte Lakritzschnecken. Die ist ganz wichtig, falls sie unterwegs Hunger bekommt. Dann eine Flasche Limonade. Die ist auch wichtig, weil es so heiß ist. Doch jetzt kommt eine schwierige Entscheidung. Soll sie Wildschwein Wutz oder Giraffe Frieda mitnehmen? Denn so ganz allein will sie doch nicht sein.

„Nicht böse sein", sagt sie zu Wildschwein Wutz. „Für dich ist der Wald ja langweilig. Aber die Frieda war noch nie dort."
Wie gut, dass Frieda so einen langen Hals hat und aus dem Rucksack herausschauen kann.

„Pass gut auf, Frieda! Ich zeig dir heute den ganzen Wald", sagt Anna stolz.

Frieda sieht sehr zufrieden aus. Aber einfach weggehen ohne Bescheid zu sagen? Eigentlich darf Anna das ja nicht. Sie nimmt ein Stück Papier, und weil sie noch nicht schreiben kann, malt sie einfach den Wald: ein paar Tannen, ein Reh und zwei Hasen, ein paar Pilze und dann noch die kleine Hütte, die sie und Papa neulich entdeckt haben. Denn genau dorthin will Anna heute gehen. Sie legt das Bild auf Papas Schreibtisch und marschiert los.

Zum Glück beginnt der Wald gleich hinter dem Garten. Anna kennt den Weg gut. Zuerst kommt der Hochsitz für den Jäger und dann der riesige Ameisenhaufen. Dann geht's über den kleinen Bach, und dort steht die wacklige Bank, auf der man sich ausruhen kann. Und ausruhen muss Anna sich jetzt dringend. Hunger und Durst hat sie auch. Sie setzt sich auf die Bank und packt Lakritzschnecken und Limonade aus. Zusammen mit Giraffe Frieda isst und trinkt sie alles weg. Aber nun weiß sie nicht recht weiter. Sie steht an einer Wegkreuzung.

Ist Papa hier links oder rechts gegangen?
„Was meinst du, Frieda?", fragt Anna.
Frieda meint gar nichts, und Anna entscheidet sich für den linken Weg. Warum ist es heute nur so weit bis zur Hütte?

Und warum raschelt und knackt es ständig hinter ihr? Immer wieder dreht Anna sich um. Doch da ist nichts. Allein, ohne Papa, findet Anna den Wald gar nicht mehr so schön. Die krummen Äste auf dem Boden sehen aus wie Schlangen. Und die hohen alten Bäume wie Riesen mit langen verfilzten Bärten. Hat sich da nicht einer bewegt? Wie heißt doch gleich der furchtbare Riese in dem Bilderbuch? Der tief im Wald haust und den kleinen Kindern auflauert? Annas Herz klopft

wild, und sie läuft so schnell sie kann. Endlich, endlich entdeckt sie die kleine Hütte. Sie setzt sich hinein und nimmt Giraffe Frieda auf den Schoß. Und auf einmal wird sie wieder ganz ruhig. Denn nun fällt ihr ein, was Papa ihr alles erzählt hat.

„Ihr seid gar keine Riesen!", ruft sie den Bäumen zu. „Ihr seid ja nur Tannen!" Und als es wieder im Gebüsch raschelt, sagt sie zu Frieda: „Du musst keine Angst haben. Das ist nur ein Vogel. Und ich bin ja bei dir."

Tock-tock-tock klopft es ganz in der Nähe. Anna weiß genau, dass es der Specht ist. Und sie weiß auch, dass Papa sie längst vermisst und unterwegs ist, um sie zu suchen. Schon von weitem hört sie ihn rufen: „An-na! An-na!" Er kommt genau auf die Hütte zu. Aber so lange will Anna nicht warten. Sie schnappt Giraffe Frieda und stürzt ihm entgegen.

„Das nächste Mal gehen wir wieder zusammen weg", sagt Papa. „Meinst du nicht auch?"

Und ob Anna das meint! Sie drückt Papa und Giraffe Frieda ganz fest an sich.

Schnakenfuß
will nicht mehr hexen

Die Hexe Schnakenfuß hockt auf dem Küchenschrank und
liest die Hexenzeitung.

„Alles Mist, wie immer!", krächzt sie ärgerlich und wirft die
Zeitung in die Ecke. Dann hext sie sich ihr Frühstück herbei.

> *„Hokuspokus, stinkadokus.*
> *Sitz nicht gerne auf dem Lokus.*
> *Mäusedreck und Drachenei –*
> *fette Bratwurst komm herbei!"*

Es zischt und braust, und etwas kommt
durchs Küchenfenster gesegelt. Aber
leider keine Bratwurst,
sondern eine
krumme Salatgurke.

33

„Heksalakreksa!", faucht Schnakenfuß. „Was soll ich denn damit?"

Sie macht einen zweiten Versuch. Wieder keine Bratwurst. Diesmal landen drei vertrocknete Radieschen auf dem Teller. Das ist zu viel für die Hexe. Wütend zerreißt sie ihre sieben Unterröcke. Gerade kommt ihr Kater von seinem nächtlichen Ausflug nach Hause.

„Was ist denn hier los?", maunzt er verwundert.

Die Hexe Schnakenfuß lässt sich erschöpft auf den Herd fallen.

„Ich kann nicht mehr, Alter!", krächzt sie. „Und ich weiß auch warum. Nächste Woche werde ich vierhundert. Und von da an geht's bergab."

„Wieso?", fragt der Kater. „Vierhundert ist doch kein Alter!"

„Heksalakreksa!", zischt die Hexe. „Hast du Tomaten auf den Augen? Siehst du nicht, dass meine Warzen schrumpfen? Und meine Krallen stumpf sind? Und dass beim Hexen alles danebengeht?"

Stimmt, denkt der Kater. In letzter Zeit ist vieles schief gegangen bei der Hexerei. Deshalb muss er Schnakenfuß etwas aufmuntern.

„He, Alte! Weißt du was? Wir fliegen zu Kusine Rüsselzahn. Die weiß doch immer Rat."

Zuerst ist Schnakenfuß gar nicht begeistert.

„Die quasselt einem doch nur die Ohren voll!", krächzt sie. Doch der Kater gibt keine Ruhe. Sie steigen auf den Hexenbesen, und hui geht's ab durch den Kamin. Der Besen freut sich,

dass er endlich wieder fliegen darf und rast wie verrückt über Wiesen, Felder und Wälder.

„Nicht so schnell!", schreit der Kater. „Mir wird schlecht!"

Kusine Rüsselzahn wohnt hinter den sechzehn schiefen Bergen. Mit ihrer Supernase riecht sie schon meilenweit, wenn Besuch naht. Sie zieht ihr Kleid mit den tausend Löchern an und hängt sich die Mäuseschwanzkette um den dürren Hals.

„Oho! Kusine Schnakenfuß!", krächzt sie. „Welch seltener Besuch!"

Kurz darauf sitzen sie auf dem Schornstein und mampfen die Himbeertorte, die Rüsselzahn rasch herbeigezaubert hat.

„Du kannst wenigstens noch hexen!", sagt Schnakenfuß und seufzt.

Und dann erzählt sie von ihrem großen Kummer. Kusine Rüsselzahn krächzt zwar ständig dazwischen. Aber irgendwann
hält sie doch den Mund und überlegt. Sie überlegt sogar eine
ganze Stunde lang. Man sieht es daran, wie ihr der Qualm aus
Nase und Ohren steigt. Dann krächzt sie:

„Auch mit vierhundert ist man nicht alt und nutzlos. Du
musst dir nur eine neue Aufgabe suchen. Genau das ist es!"
„Neue Aufgabe? Ist das alles, was dir eingefallen ist?", faucht
Schnakenfuß ärgerlich. „Für eine Hexe gibt es nur eine Aufgabe, nämlich hexen!"
Sie packt den Kater beim Kragen, steigt auf den Besen und
braust heimwärts. Kaum ist sie wieder in ihrer Küche, bricht
sie den Hexenbesen mitten entzwei. Dann fängt sie an, die
Seiten aus dem Hexenbuch herauszureißen.

„Halt!", schreit der Kater. „Bist du jetzt völlig überge-
schnappt?"

„Heksalakreksa!", zischt Schnakenfuß. „Aus und vorbei mit
der Hexerei. Ein für alle Mal!"

Der Kater rauft sich die Barthaare. „Aber dann bist du ja keine
Hexe mehr!"

„Ganz recht, mein Alter!", krächzt Schnakenfuß. „Ich werde
einfach eine nette, alte Frau sein. Basta!"

Das passt dem Kater überhaupt nicht. Was soll ein Hexenka-
ter bei einer netten, alten Frau? Da fällt sein Blick auf die Hexenzeitung.

„Schnakenfuß!", schreit er. „Ich hab's! In Zukunft schreibst du
Geschichten für die Hexenzeitung. Damit nicht immer nur
Mist darin steht."

Schnakenfuß starrt ihn an, und ihre Nase fängt an zu glühen.

„Du meinst, ich soll …?", krächzt sie. „Heksalakreksa! Eine
tolle Idee! Alter, du bist das Beste, was mir jemals unter die
Krallen gekommen ist!"

Der Kater grinst. „Dafür hext du mir sofort einen saftigen Hering!"

„Lieber nicht", seufzt die Hexe. „Das geht doch wieder völlig
schief!"

„Lass den Kopf nicht hängen!", brummt der Kater. „Du darfst
nicht gleich aufgeben wegen ein paar verpatzter Hexereien.
Versuch's einfach. Du kannst es! Du musst nur wollen!"

„Meinst du wirklich?", fragt Schnakenfuß und murmelt ihren
Hexenspruch:

„Hokuspokus, stinkadokus.
Sitz nicht gerne auf dem Lokus.
Mäusedreck und Drachenei –
schöner Hering komm herbei!"

Und tatsächlich. Diesmal hat es fast geklappt. Ein Fisch kommt durchs Fenster gesegelt. Es ist zwar kein Hering, sondern eine Dose Ölsardinen. Aber immerhin. Fisch ist Fisch.

„Na bitte", knurrt der Kater. „Wenn du auch nicht mehr die Jüngste bist, ein bisschen Hexerei schadet bestimmt nicht. Ab und zu ein Schälchen Sahne für mich …"
„Und ein wenig Blitz und Hagel für mich", krächzt Schnakenfuß. „Alter, du hast mir wieder Mut gemacht!"
Dann hockt sie sich auf den Küchenherd, um ihre erste Geschichte für die Hexenzeitung zu schreiben.

Rad fahren ist gar nicht so schwer

Lehrer Grünspecht kann nicht Rad fahren, was seine Schüler
zum Glück nicht wissen. Er hat es leider nie gelernt als Kind.
Inzwischen ist er erwachsen und träumt immer noch vom
Fahrradfahren.
Wer wagt, gewinnt!, denkt er eines Tages und betritt die Fahr-
radhandlung. Er geht umher und untersucht sämtliche Fahr-

räder. Dann sagt er: „Ich hätte gern ein Rad. Knallrot mit weißem Sattel. So richtig flott und sportlich."

„Für Ihr Enkelkind?", erkundigt sich der Verkäufer.

Lehrer Grünspecht ist empört. „Na hören Sie mal! Für mich natürlich!"

Nach einer Stunde hat er endlich, was er sucht.

„Möchten Sie nicht eine Probefahrt machen?", fragt der Verkäufer. „Einmal um den Block herum?"

Lehrer Grünspecht wird so rot wie das neue Fahrrad. Wie soll er eine Probefahrt machen, wenn er gar nicht Rad fahren kann? Doch das muss nun wirklich keiner wissen!

„Nein danke, nicht nötig", sagt er, bezahlt und schiebt das Rad nach Hause. Hinter seinem Garten beginnt ein Feldweg. Dort sind nur selten Leute unterwegs. Lehrer Grünspecht setzt sich auf den weißen Sattel. Die Füße aber lässt er noch auf dem Boden. Endlich fasst er sich ein Herz und tritt mit dem rechten Fuß aufs Pedal. Als er das auch mit dem linken Fuß versucht, ruft er erschrocken: „Hilfe! Ich kippe!"

Also wieder runter mit dem linken Fuß. Mit dem stößt er sich jetzt ab, während der rechte auf dem Pedal bleibt. So kommt Lehrer Grünspecht einige Meter voran. Doch Rad fahren kann man das leider nicht nennen. Plötzlich kommt ihm der Nachbar entgegen, der seinen Hund ausführt.

Oh je!, denkt Lehrer Grünspecht. Das hat mir gerade noch gefehlt!

„Na, Herr Lehrer!", ruft der Nachbar. „Fleißig am Üben?"

Lehrer Grünspecht bleibt stehen und lacht. „Wieso üben?

Man kann ja wohl längst Rad fahren in meinem Alter!"
Der Nachbar glaubt nicht so recht daran. Was er gerade beobachtet hat, sah nicht danach aus. Deshalb schlägt er vor:
„Ich halte Sie am Sattel fest und renne hinterher. So lernt man es am besten."

Auf einer kurzen Strecke klappt alles wunderbar. Lehrer Grünspecht rollt den Weg entlang, Nachbar und Hund laufen keuchend hinterher. Doch als der Nachbar das Rad loslässt, kippt es mitsamt Lehrer Grünspecht ins Gebüsch. Zum Glück hat er sich nicht wehgetan.
„Macht nix", meint er tapfer. „Das gehört nun mal dazu."
Dann übt er allein weiter. Doch es will und will nicht klappen. Plötzlich kommt der kleine Jan angerannt. Jan Maier aus der ersten Klasse. Der schreit: „Da bist du ja! Aus deinem Kü-

chenfenster kommt lauter Qualm. Und es stinkt ganz doll!"
„Lieber Himmel!", ruft Lehrer Grünspecht. „Der Milchtopf
auf dem Herd! Ich muss sofort heim!"

Vergessen ist alle Angst. Und vor dem kleinen Jan darf er sich
doch nicht blamieren. Wild tritt er in beide Pedale, und es
klappt! Erst als er den Milchtopf auskratzt, fällt ihm ein, dass
er jetzt ganz allein und ohne hinzufallen Rad fahren kann.

Monster mögen Schokokuchen

Emma und Papa sitzen im Sessel und schauen sich das Bilderbuch vom Monster Grusimil an. Mit Papa zusammen hat Emma keine Angst vor dem Monster. Grusimil ist giftgrün, hat feuerrote glühende Augen, Zähne wie ein Vampir und Krallen wie eine Hexe. Einfach scheußlich.

43

„Wo wohnen denn die Monster?", fragt Emma und schaut sich um.

„Bestimmt nicht hier, in deinem Zimmer!", sagt Papa und lacht. „Und außerdem: Es gibt keine Monster. Nur im Bilderbuch."

Emma glaubt das aber nicht. Warum sollte es keine Monster geben? Man sieht sie nur nicht, weil sie sich so gut verstecken.

„Wohnen Monster in Kleiderschränken?", will Emma wissen und schielt auf ihren Schrank.

„Vielleicht", sagt Papa.

„Oder unter dem Bett?"

„Mal hier, mal da", meint Papa zerstreut. Er ist mit den Gedanken schon woanders.

„Hör zu, Emma", sagt er. „Mama und ich gehen heute Abend ins Theater."

„Nein!", sagt Emma motzig. „Ich will aber nicht allein sein!"

Papa nimmt Emma in den Arm. „Dumme, kleine Emma! Haben wir dich jemals allein gelassen? Oma kommt und passt auf dich auf."

„Aber vorher musst du noch unter mein Bett schauen", sagt Emma, „ob kein Monster darunter liegt!"

„Na klar", sagt Papa, „wie immer."

Doch leider kann er sein Versprechen nicht halten. Mama und er werden viel zu spät mit dem Umziehen fertig. Sie müssen sich beeilen, um rechtzeitig ins Theater zu kommen. Emmas Monster ist vergessen.

„Oh je!", denkt Emma. „Was mach ich jetzt?"
Oma sitzt schon längst im Wohnzimmer vor dem Fernseher.
Und Oma kann sich sowieso nicht bücken, weil sie solche
Rückenschmerzen hat. Ob Emma vielleicht selbst unters Bett
schauen soll? Nur heute? Morgen Abend ist Papa ja wieder da.
Sie könnte mit der Taschenlampe unter das Bett leuchten.
Dann wird das Monster geblendet. Es bekommt einen Mords-
schrecken und rennt davon. Ob das Monster sich im Haus
auskennt? Wenn es den Flur entlangläuft, kommt es in Ma-
mas und Papas Schlafzimmer. Dann hockt es sich womöglich

hinter die Tür und lauert ihnen auf, wenn sie nachts heim-
kommen! Wenn das Monster die Treppe hinunterläuft,
kommt es am Wohnzimmer vorbei. Dort sitzt Oma und
schaut sich einen Film an. Aber manchmal nickt sie dabei

auch ein. Emma kommt ein schrecklicher Gedanke: Was ist, wenn das Monster gar nicht sie, sondern Oma fressen will? Wenn es plötzlich hinter ihrem Sessel steht? Die arme Oma! So schnell kann sie gar nicht wegrennen mit ihren Rückenschmerzen! Vielleicht ist das Monster ja schon längst im Wohnzimmer. Emma ist fest entschlossen: Sie muss Oma retten!

„Oma!", ruft Emma vom Flur aus. „Was machst du denn gerade?"

„Ich sehe fern!", antwortet Oma aus ihrem Sessel.

„Bist du ganz allein, Oma?", fragt Emma.

„Aber sicher! Wer sollte denn noch hier sein?"

„Und hinter deinem Sessel?", fragt Emma weiter. „Ist da wirklich niemand?"

„Nein, Emma. Ganz bestimmt nicht."

Ein Glück! Das Monster scheint doch nicht bei Oma zu sein. Sonst hätte sie es jetzt bestimmt entdeckt. Dann liegt es sicher noch unter Emmas Bett, weil es dort so dunkel ist. Grusimil versteckt sich auch am liebsten im Dunkeln. Plötzlich hat Emma eine super Idee: Monster essen doch gern Süßes! Das weiß sie von Grusimil. Und in der Küche steht ein Schokoladenkuchen. Den hat Oma mitgebracht. Und den mag das Monster garantiert. Emma schleicht in die Küche und holt den Kuchen. Dann stellt sie ihn direkt vor ihr Bett, sodass man ihn gut sehen und riechen kann.

„Du kannst den Kuchen haben!", ruft Emma unter das Bett.

„Wenn du mir und Oma und Mama und Papa nichts tust!"
Jetzt wird es spannend. Bestimmt kommt gleich eine scheuß-
liche Krallenhand unter dem Bett hervor und grapscht nach
dem Kuchen. Und dann fängt das Monster an zu schmatzen.
Genau wie Grusimil. Hoffentlich ist es danach auch satt!
Emma wartet und wartet. Keine Krallen, kein Maul mit Vam-
pirzähnen. Gar nichts kommt unter dem Bett hervor. Und der
Kuchen steht noch immer da. Ist denn das die Möglichkeit?
Emma legt sich auf den Boden und robbt auf ihr Bett zu.
Dann leuchtet sie mit der Taschenlampe darunter. Kein Monster weit und breit. Nur ihr kleiner Teddy, den sie schon so lan-
ge gesucht hat. Ganz hinten an der Wand liegt er.

Emma holt ihn hervor und schüttelt ihn aus, denn er ist vol-
ler Staub. Dann nimmt sie sich ein Stück Kuchen und
schlüpft ins Bett. Von der ganzen Aufregung ist sie schrecklich müde geworden. Als Oma nachschaut, schläft Emma
schon ganz fest. In der einen Hand hält sie den Teddy, in der
anderen ein Stück Schokoladenkuchen.

Häsalotta

Häsalotta ist schlauer als der Hasenlehrer. Manchmal. Und mutiger als der starke Hans Hopper. Manchmal. Nur eines macht ihr Kummer: Ihre Ohren sind viel zu kurz.

„Sie werden schon noch wachsen", sagt Mama Hase, „wenn du genügend Mohrrüben isst."

Und Papa Hase meint: „Nur Geduld. Kommt Zeit, kommt Rat."

„Aber wann?", fragt Häsalotta verzweifelt. „Wann denn endlich?"

Eines Tages erzählt die gute alte Tante Hasenfuß von einem
Land, in dem die Hasen ganz besonders lange Ohren haben.
„Wo ist das denn?", fragt Häsalotta aufgeregt. „Da muss ich
hin!"

Die gute alte Tante Hasenfuß denkt lange nach. „Immer nach
links", sagt sie. „Wenn mich nicht alles täuscht."

Häsalotta hoppelt davon, immer nach links, bis ihr fast
schwindlig wird. Doch alle Hasen, die ihr begegnen, haben
ganz normale Ohren.

„Ich glaube, Tante Hasenfuß hat sich doch getäuscht!", sagt
Häsalotta.

„Ich weiß, wo das Land ist, das du suchst!", ruft das Eichhörn-
chen vom Baum herab. „Du musst nach rechts hoppeln. Immer nach rechts."

Doch auch dort trifft Häsalotta keinen einzigen Hasen mit besonders langen Ohren.

„Das tut mir ja so Leid", sagt die gute alte Tante Hasenfuß.
„Aber frag doch mal deinen schlauen Lehrer, was der dazu
meint."

Gleich am nächsten Morgen fragt Häsalotta den Lehrer. Doch
der sagt nur: „Glatter Unsinn! So ein Land gibt es nicht. Das
müsste ich doch wissen!"

Häsalotta trommelt wütend mit den Hinterläufen. „Meine
Tante erzählt keinen Unsinn!", ruft sie. „Und ein Hasenlehrer
kann auch nicht alles wissen!"

Der Hasenlehrer traut seinen Ohren nicht.

„Oder haben Sie etwa gewusst, dass der Dachs Gitarre spielt?

50

Nachts vor seinem Bau?", fragt Häsalotta. „Oder dass die Waldmaus schon vier Paar warme Socken gestrickt hat, für den Winter?"

„Nein, das nicht", sagt der Hasenlehrer verwirrt und knabbert eilig eine Mohrrübe zur Beruhigung. Häsalotta aber hoppelt aus dem Klassenzimmer. Der starke Hans Hopper pfeift durch die Hasenzähne. „Mann, hat die aber Mut!"

Trotzdem kann Häsalotta sich nicht freuen. Erst recht nicht, wenn sie an die schönen langen Ohren des Hasenlehrers denkt. Sie hüpft zum Waldrand und setzt sich ins Moos. Und dicke, schwere Tränen rollen über ihre Backen. Sie wird niemals lange Ohren bekommen wie die anderen Hasen. Das weiß sie. Die neugierige Elster fliegt vom Baum herab und krächzt: „Ist irgendetwas passiert, Häsalotta?"

Die Schnecke kriecht vorbei und flüstert: „Was ist denn los, Häsalotta?"

Häsalotta hält sich die Pfoten vors Gesicht.

„Seid still!", ruft sie. „Ich will nichts hören und nichts sehen!"
Nach einer Weile kommt Max Schiefzahn angehoppelt, der
schüchterne Hase, der kaum ein Wort redet. Doch als er Häsalotta sieht, stupst er sie sachte an und fragt: „Warum bist du
denn so traurig?"
„Weil meine Ohren viel zu kurz sind!", schluchzt Häsalotta.
„Und weil mir keiner sagen kann, wo das Land der langen Ha-
senohren ist."
Max Schiefzahn putzt seine Brille und denkt nach. „Sei doch
froh, dass deine Ohren so kurz sind!", meint er. „Dann stößt
du nirgendwo an. Du kannst dich besser vor dem Fuchs verstecken. Und schneller unter dem Gartenzaun hindurch-
schlüpfen, wenn du einen Kohlkopf holen willst. Und überhaupt: Ich finde kurze Ohren wunderwunderschön."
„Ehrlich?" Häsalottas Herz klopft wild vor lauter Glück. Sie
lässt sich den Wiesenhang hinunterkugeln, macht drei Purzel-
bäume und landet direkt auf Papa Hases dickem Bauch.
„Hoppla!", sagt Papa Hase erschrocken.
Und Mama Hase fragt: „Warum freust du dich denn so, Häsalotta?"
„Weil Max Schiefzahn gesagt hat, dass kurze Ohren viel, viel
schöner sind als lange. Und auch viel, viel nützlicher."
Mama und Papa Hase schauen sich gegenseitig an. „Soso. Hat
er das gesagt? Na, dann könnte es wohl stimmen."
„Und ob das stimmt!", ruft Häsalotta und gibt Mama und
Papa Hase vier saftige Küsse auf die vier langen Ohren.

Das verzauberte Federmäppchen

Heute ist Florians dritter Schultag. Zum ersten Mal geht er
den Weg ganz allein.

„Ich bin doch kein Baby mehr!", hat er zu Mama gesagt. „Die
anderen lachen mich ja aus, wenn du schon wieder mit-
kommst!"

Da hat Mama seufzend nachgegeben.

Stolz läuft Florian los. Jetzt können alle sehen, dass er nicht
mehr der kleine Florian ist, sondern zu den Großen gehört. Er

hüpft von einem Bein aufs andere, und der neue Ranzen hüpft mit. Das Federmäppchen hat Florian nicht in den Ranzen gesteckt. Das ist in seiner Jackentasche, damit er es unterwegs hervorholen und anschauen kann. Ein blaues Mäppchen mit roten und gelben Papageien. Gefüllt mit lauter tollen Stiften. Opa hat es ihm geschenkt und gesagt: „Pass gut darauf auf!" Und ob Florian aufpasst!

Vor lauter Begeisterung hat er völlig das Haus in der Mühlengasse vergessen. Das graue, unheimliche Haus, an dessen Fenster immer die alte Frau sitzt. Die Frau mit den langen, wirren Haaren, dem spitzen Kinn und der noch spitzeren Nase. Als Mama ihn zur Schule brachte, hat er die Frau gar nicht beachtet. Aber jetzt, so ganz allein?

Einmal hat Florian seiner großen Schwester davon erzählt. Und die hat doch glatt behauptet: „Das ist eine Zauberin. Weißt du das nicht? Sie verzaubert Hunde in Mülleimer und kleine Jungen in Regenschirme. Wie sie gerade Lust hat." Seitdem hat Florian noch mehr Angst.

Jetzt aber muss er jeden Tag an dem Haus vorbeigehen. Es gibt keinen anderen Weg zur Schule. Natürlich läuft Florian auf der anderen Straßenseite, damit er möglichst weit weg ist. Aber hinschielen muss er doch. Oh je! Da lehnt sie schon wieder am Fenster. Wie ein Blitz saust Florian los. Sein Hals ist wie zugeschnürt. Er kann kaum noch atmen. Als er endlich wieder stehen bleibt, hat er fürchterliches Seitenstechen. Und als er in die Jackentasche greift, werden ihm die Knie weich. Das Federmäppchen! Das funkelnagelneue tolle Federmäpp-

chen ist weg. Florian schaut sich auf dem Bürgersteig um.
Weit und breit nichts zu sehen. Natürlich! Die alte Zauberin
muss es weggezaubert haben! Anders kann es gar nicht sein.
Und Florian wird es nie mehr zurückbekommen. Jetzt ist alles
aus. Was wird Opa sagen, wenn er das erfährt? Wo das Federmäppchen doch so teuer war und Opa so schrecklich sparsam
ist! Florian muss die Tränen hinunterschlucken. Er darf jetzt
nicht weinen, mitten auf dem Schulhof, wo alle es sehen wür-
den.

An diesem Morgen klappt nichts im Unterricht. Florian kann
nur noch an das Mäppchen denken.

„Florian, was ist los?", fragt die Lehrerin. „Du hörst ja gar
nicht zu!"

Mehrmals fällt ihm das Heft auf den Boden. Zum Schreiben
muss er sich Stift und Radiergummi ausleihen, weil er kein Federmäppchen mehr hat. Und in der Pause vergisst er sein
Frühstücksbrot zu essen, so aufgeregt ist er. Er kann es gar
nicht abwarten, bis endlich die Schule aus ist. Er sucht den
ganzen Schulweg ab. Vielleicht liegt das Mäppchen doch
irgendwo? Als er nichts findet, verliert er völlig den Mut.
Ohne Federmäppchen kann ich nicht heimgehen, denkt er.
Opa will immer gleich wissen, wie es in der Schule war. Und
dann schaut er Florian bei den Hausaufgaben zu. Florian lässt
sich erschöpft auf eine Bank fallen. Ausgerechnet in der Nähe
des alten, grauen Hauses. Doch das bemerkt er gar nicht.
Plötzlich fährt er auf. Hat da nicht jemand gerufen?

„Hallo, Junge! Ja, du, auf der Bank! Komm doch mal rüber!"

Florian wird gleichzeitig heiß und kalt. Die alte Zauberin! Jetzt winkt sie ihn sogar herbei mit ihren langen, dürren Fingern. Natürlich könnte er jetzt wegrennen, einfach wieder den Weg zurück. Aber dann denkt er: So ein Quatsch! Irgendwann muss ich ja doch an dem Haus vorbei, um heimzukommen. Er schluckt kräftig, atmet tief ein, nimmt seinen ganzen Mut zusammen und geht hinüber zur Zauberin. Warum sollte

sie ihn eigentlich in einen Regenschirm verzaubern? Er hat ihr doch gar nichts getan! Wenn er nett zu ihr ist, wird ihm sicher nichts passieren.

„He, Junge!", sagt die alte Frau. „Warum rennst du hier denn immer so vorbei? Hast du etwa Angst vor mir?"

Da bleibt Florian nichts anderes übrig, als die Wahrheit zu sagen. Die alte Frau lacht. „Und ob ich zaubern kann! Augen zu! Hokuspokus fidibokus und Augen auf!"

Florian kann es nicht fassen. Das gibt's doch nicht! Da hält ihm die alte Frau doch tatsächlich sein Federmäppchen hin. „Das hast du heute Morgen verloren, als du so gerannt bist", erklärt sie.

Florian ist so erleichtert, dass er lachen muss. Und die alte Frau lacht mit.

Von diesem Tag an geht er ganz gemütlich am Haus in der Mühlengasse vorbei. Er weiß jetzt, dass hier keine Zauberin wohnt, sondern nur die alte Frau Sauermehl. Auf dem Heimweg bleibt er kurz stehen und erzählt, wie es in der Schule war. Manchmal schenkt ihm Frau Sauermehl ein Rosinenbrötchen, und er schenkt ihr dafür ein paar Gummibärchen.

Spuk auf dem Balkon

Wenn im Herbst die Blätter fallen und der Himmel grau und schwer ist, geht Herr Winterhuber früh ins Bett. Dackel Nero ebenfalls. Draußen heult der Wind und rüttelt an den Fensterläden.

„Wie gut, dass wir hier drinnen sind", sagt Herr Winterhuber, „im warmen, gemütlichen Zimmer." Und dann macht er die Augen zu. Nero jault leise vor sich hin. Herr Winterhuber seufzt und schaltet die Nachttischlampe an.

„Du wirst doch wohl keine Angst haben, Nero!", sagt er. „Das ist nur der Sturm."

Aber Nero gibt keine Ruhe und will unter die Bettdecke kriechen.

„Na schön", meint Herr Winterhuber, „ausnahmsweise."

Dann liest er Nero die Geschichte vom Hund im Apfelbaum vor. Nur um den Sturm zu übertönen. Doch bis zum Ende kommt er leider nicht. Nero schlüpft unter der Decke hervor und fängt an zu bellen. Was war das bloß für ein Gepolter, draußen auf dem Balkon? Oder war es am Ende drinnen, auf der Treppe?

„Ach was! Der Sturm kann ja gar nicht hereinkommen", sagt Herr Winterhuber. Doch so ganz geheuer ist ihm selbst nicht. Nero läuft nervös umher und schnüffelt in allen Ecken. Hilfe! Da war es ja schon wieder, dieses Geräusch! Herr Winterhuber überlegt, ob er vielleicht einmal nachschauen soll.

„Ist da jemand?", ruft er zaghaft. Keine Antwort.

„Los, Nero!", sagt er. „Sei ein tapferer Hund! Wir sehen nach, was da draußen ist. Man hat nur Angst vor Dingen, die man nicht kennt. Und außerdem: Zusammen sind wir stark."

„Wuff", sagt Nero.

Herr Winterhuber zögert noch einen Moment. Und wenn da draußen ein Gespenst steht? Wie soll er es dann anreden? Herr Gespenst oder Frau Gespenst?

„Unsinn! Es gibt keine Gespenster!", sagt er laut, schaltet die Außenlampe an und geht auf den Balkon. Nero trottet hinterher. Und was sehen sie? Kein Gespenst und auch sonst nie-

manden. Ein heftiger Windstoß bringt des Rätsels Lösung. Denn gerade kommt er wieder angerollt, Tante Luises Rosinenkuchen. Verpackt in einer Blechdose. Die hatte Herr Winterhuber auf den Balkon gestellt, weil er doch keine Rosinen mag. Erleichtert trägt er die Dose ins Schlafzimmer.

„Wuff", sagt Nero und schaut ihn fragend an. Herr Winterhuber öffnet die Dose und isst ein Stück Rosinenkuchen. Mitten in der Nacht und zum ersten Mal in seinem Leben.

„Schmeckt gar nicht so schlecht! Das haben wir uns jetzt auch verdient, oder?" Nero meint das wohl auch, denn er isst gerade den restlichen Kuchen auf.

Balduin, der Ängstliche

Es ist Sonntag im Land Mikropinien. Und am Sonntag schläft
man auch dort etwas länger. Nur nicht im Schloss. Dafür
sorgt schon König Balduin. Bereits um vier Uhr morgens klingelt er aufgeregt nach dem Kammerdiener. Der kommt ver-
schlafen angeschlurft und murmelt: „Majestät haben geklingelt? Aber wo sind Majestät denn?"
Der König hat sich unter die Bettdecke verkrochen. Nur eine
zitternde Hand schaut noch hervor. „D-da! Ein Gespenst!"

Der Kammerdiener reibt sich die Augen. „Ich sehe kein Gespenst, Majestät."

„D-da! Das weiße Ding auf dem Sessel!", flüstert König Balduin und zittert, dass das ganze Bett wackelt.

„Bitte nicht aufregen, Majestät!", fleht der Kammerdiener. „Das ist nur eines Ihrer allerköniglichsten Nachthemden!"

Um sechs Uhr klingelt der König wieder. Diesmal sitzt er im Bett und klappert laut mit den Zähnen. „Wo bleibt meine Wärmflasche?", jammert er. „Ich friere wie zehn Schneider!"

„Sehr wohl, Majestät", sagt der Kammerdiener und bringt rasch eine heiße Wärmflasche. Und weil die königlichen Zähne noch immer klappern, legt er dem König einen Pelzmantel um.

Um sieben Uhr klingelt es zum dritten Mal.

„Mich zwickt's im Bauch und im Kopf!", ächzt der König. „Wo bleibt mein Kamillentee?"

„Nicht aufregen, Majestät!", sagt der Kammerdiener. „Ich werde sofort die Köchin wecken."

Um acht Uhr will der König angezogen werden. Um neun Uhr will er sein Sonntagsfrühstück. „Das Ei ist nicht weich genug", klagt er, „und die Brötchen sind viel zu trocken! Außerdem ist mir zu warm hier."

Der Kammerdiener reißt die Fenster auf. Um zehn Uhr ist
dem König wieder zu kalt. Der Kammerdiener bettet ihn in
den Sessel mit drei weichen Kissen und drei dicken Decken.
Fast hätte nun für eine Weile Ruhe geherrscht. Wenn nur diese Fliege nicht gewesen wäre!

„Kammerdiener! Hilfe! Sie will mich stechen!", schreit der König und zieht sich die Decke über den Kopf.

„Ach, Majestät!", seufzt der Kammerdiener. „Das ist doch nur
eine harmlose Stubenfliege!"

Der König verzieht das Gesicht. „Du weißt doch, dass Fliegen
mir unheimlich sind. Ich will ein Fliegennetz für mein Bett.
Gleich jetzt!"

Dem Kammerdiener bricht der Schweiß aus. „Aber Majestät,
heute ist Sonntag, und die Geschäfte sind geschlossen. Woher
soll ich ein Fliegennetz nehmen?"

In diesem Moment geht die Tür auf, und Klara kommt herein.
Der König wird bleich. „W-wer ist denn das?", stammelt er.
Der Kammerdiener wird ganz verlegen. „Verzeihung, Majestät! Das ist Klara, meine Nichte. Sie kommt mich manchmal
sonntags besuchen."

„Und wer ist das?", fragt Klara und deutet auf den König.

„Aber Kind! Das ist doch Seine Majestät höchstpersönlich!"

„Und warum macht er dann so einen Zirkus wegen einer Fliege?", fragt Klara, die gern an Türen lauscht. Sie öffnet das
Fenster und jagt die Fliege hinaus.

„Bitte, Klara", sagt der Kammerdiener. „Willst du nicht lieber
im Park spielen?"

„Nö", meint Klara seelenruhig. „Zuerst muss ich mir den König mal näher anschauen. Man kennt ihn ja nur aus der Zeitung."

Der Kammerdiener schleicht sich davon.

„Du bist also unser König", sagt Klara. „Weißt du, wie die Leute dich nennen?"

Der König schüttelt den Kopf und starrt Klara an.

„Balduin, den Ängstlichen!"

Der König räuspert sich und wird rot wie eine Tomate.

„Und warum bist du so ängstlich?", will Klara wissen.

„Ähem … nun ja …" Weiter fällt dem König nichts dazu ein.

Klara schaut sich im königlichen Schlafzimmer um.

„Wärmflasche, Pelzmantel im Bett, dicke Kissen", meint sie,

„kein Wunder, dass du so empfindlich bist! Du musst raus an die frische Luft und unter die Leute!"

Der König ist völlig durcheinander. So hat noch niemand mit ihm geredet. Aber eines muss er zugeben: Diese Klara ist ein ungewöhnliches Mädchen. Sie bringt es sogar fertig, dass der König mit ihr im Schlosspark spazieren geht. Plötzlich packt der König Klara am Arm.

„D-da!", flüstert er entsetzt. „Eine Riesenschlange! Direkt vor uns!"

„Meine Güte!", schimpft Klara. „Geht das nun schon wieder los? Schau doch mal richtig hin! Das ist nur ein Gartenschlauch."

„Ach so", sagt der König, „tatsächlich."

Und auf einmal müssen beide laut lachen. Im Schloss werden Türen und Fenster geöffnet.

„Was ist denn mit unserem König los?", ruft die Köchin.

„Er hat gelacht!", ruft der Gärtner. „Aber was ist das für ein Mädchen?"

„Das ist Klara, meine Nichte", erklärt der Kammerdiener stolz. Der König sagt zu Klara: „Mir scheint, so eine wie du hat mir schon lange gefehlt. Wie wäre es, wenn du auch mich sonntags besuchen würdest? Ab und zu?"

„Keine schlechte Idee", meint Klara. „Aber jetzt koche ich dir erst mal meinen berühmten Mutmacherpudding. Damit du keine Angst mehr hast vor Fliegen und Gartenschläuchen und lauter solchen Sachen."

„Ich danke dir!", ruft der König und ist so glücklich wie noch nie in seinem Leben. „Dafür ernenne ich dich zur ersten Mutmacherin meines Landes."

Was Klara dann kocht, ist zwar nur ein ganz normaler Schokoladenpudding. Doch das braucht der König ja nicht zu wissen. Hauptsache, er hilft.

Wer klettert am höchsten?

Justus schaut wieder einmal in den Kühlschrank. Wie so oft. Karamelpudding, Himbeertorte oder Schokolade? Was soll er essen? Am besten alles.

„Mach nicht ständig den Kühlschrank auf!", schimpft Papa. „Das kostet Strom." Und zu Mama sagt er: „Justus wird von Tag zu Tag dicker."
„Was soll ich denn machen?", fragt Mama ratlos und seufzt tief.
„Wer dauernd isst, hat Kummer", sagt Oma. „Es heißt nicht umsonst Kummerspeck."

Doch dann ist die Sache vorerst vergessen. Denn alle müssen
weg: Papa in die Firma, Mama ins Geschäft und Justus in die
Schule. Oma räumt den Frühstückstisch ab.

Auf dem Schulweg beißt Justus ein Stück von der Schokolade
ab. Oma hat Recht, denkt er. Kummer habe ich wirklich genug. Und warum? Weil ich so dick bin. Und warum bin ich so
dick? Weil ich Kummer habe.

„Das ist die Katze, die sich in den Schwanz beißt", sagt Oma
immer. „Eines hängt vom anderen ab." Oma kennt lauter solche Sprüche.

„He, Dicker!", ruft da jemand. Es ist Niklas, der einmal Justus'
Freund war. Aber dann haben sie sich immer seltener getrof-
fen. Und jetzt hängt Niklas nur noch mit Jonas zusammen.

„Freust du dich schon auf Sport?", fragt Niklas und grinst höhnisch.

„Du bist richtig gemein!", sagt Justus und geht weiter, ohne sich nach Niklas umzusehen.

Heute ist für Justus der schlimmste Tag der Woche. Zwei Stunden Sportunterricht! Wie soll er das überstehen? Natürlich kommt er auch diesmal nicht die Kletterstange hinauf. Und über den Bock springen kann er erst recht nicht. Die anderen lachen.

„Guckt mal, wie er da hängt!", ruft Andi. „Wie ein nasser Mehlsack!"

„Nee", sagt Tom, „wie ein Elefant mit zwei Beinen."
Und dann passiert etwas Schreckliches. Es macht ritsch und Justus' Turnhose ist hinten aufgeplatzt. Jetzt geht es erst richtig los. Alle brüllen und wiehern vor Lachen.

„Passt nur auf!", schreit Felix. „Das nächste Mal platzt er selbst, der Dickmops!"

Herr Hummel, der Sportlehrer, hat größte Mühe, bis endlich wieder Ruhe herrscht.

„Setz dich auf die Bank", sagt er zu Justus. „Du brauchst nicht weiter mitzumachen."

Justus sitzt da mit hochrotem Kopf und Tränen in den Augen. Denen werde ich's schon zeigen!, denkt er und schleicht sich hinaus.

In der Pause schreit plötzlich jemand: „Mensch, guckt mal! Der Fettkloß ist auf dem Baum!"

Tatsächlich. Ganz oben auf dem höchsten Ast sitzt Justus. Wie er hinaufgekommen ist, weiß er selbst nicht so genau. Aber er weiß, dass er allein nicht wieder hinunterkommt. So schwindlig wird ihm, wenn er herabschaut.

„Bleib sitzen, Justus, und rühr dich nicht vom Fleck!", ruft Herr Hummel aufgeregt. „Wir holen dich!"

Doch gerade das will Justus nicht. Dann lachen die anderen ja noch mehr!

Ich muss ihnen zeigen, dass ich es allein schaffe, denkt er und beißt die Zähne zusammen. Bevor Herr Hummel samt Hausmeister und einer langen Leiter erscheint, ist Justus bereits auf dem Weg nach unten. Zweige brechen, Äste knacken. Justus rutscht mit dem Fuß ab und kann sich gerade noch festklammern. Die anderen starren nach oben und halten die Luft an. Justus überlegt, ob er springen soll.

„Tu's nicht, Justus!", ruft Niklas. „Warte, ich helfe dir!"

Er klettert Justus entgegen und reicht ihm die Hand. Herr Hummel hält Niklas von hinten fest. So gelangt Justus Schritt für Schritt nach unten. Als er auf dem Schulhof steht, klatschen einige, und alle sind erleichtert, dass ihm nichts passiert ist.

„Ganz schön mutig!", sagt Felix. „Das hätten wir dir gar nicht zugetraut."

Und Niklas sagt: „Wenn du auf den Baum gekommen bist, schaffst du auch die Kletterstange."

„Meinst du?", fragt Justus und strahlt.

„Wenn nicht, schieben wir dich ein bisschen", sagt Niklas. Alle lachen, und Justus lacht mit. Dann verteilt er die restliche Schokolade.

Das Mädchen von nebenan

Lisa steht am Fenster und schaut hinaus auf die Straße. Wie fremd das alles aussieht! Auch jetzt noch, drei Wochen nach dem Umzug. Sie hat sich immer noch nicht an den Straßenlärm, die vielen Menschen und all die Geräusche im Haus gewöhnt. Nachts wird sie oft wach. Dann liegt sie da und denkt

an ihr altes Zuhause. An Sophie, ihre beste Freundin, an Tante Dagmar und Onkel Karl, an ihre Schule und an Anton, ihren Kater, den sie beim Nachbarn zurücklassen musste, weil Katzen im neuen Haus nicht erlaubt sind. Dann weint Lisa jedes Mal ihr Kopfkissen nass.

„Lisa, wo bleibst du denn?", ruft Mama von unten. „Du kommst zu spät zur Schule!"

Kaum sitzt Lisa beim Frühstück, fängt das Bauchweh an. Wie jeden Morgen.

„Muss ich wirklich zur Schule?", jammert sie. „Ich will lieber hier bleiben."

Mama streicht ihr übers Haar. „Das bringt doch nichts, Lisa. So gewöhnst du dich nie richtig ein."

Lisa starrt trübselig auf ihren Teller. „Die anderen in meiner Klasse mögen mich sowieso nicht!"

Doch Mama will so etwas nicht hören. „Wir müssen uns alle drei hier einleben. Papa, du und ich. Aber das wird schon. Kopf hoch, Lisa!"

Im Fahrstuhl trifft Lisa wieder das Mädchen von nebenan.

„Hallo", hat Lisa zaghaft am ersten Morgen gesagt. Aber das Mädchen hat einfach weggeschaut.

Inzwischen sagt Lisa längst nichts mehr, sondern schaut auch weg. Und obwohl sie den gleichen Schulweg haben, geht Lisa auf der einen, das Mädchen von nebenan auf der anderen Straßenseite.

Völlig doof!, denkt Lisa. Wir könnten doch viel besser zusammen gehen.

An diesem Morgen passiert etwas Unerwartetes. Vor dem Schuleingang rempelt das Nachbarmädchen Lisa an. Ziemlich fest und aus heiterem Himmel.

„Au!", ruft Lisa erschrocken, und der Turnbeutel fällt ihr aus der Hand. Turnschuhe, Sporthose und Trikot landen in einer

großen Regenpfütze. Als Lisa die Sachen aufsammelt, sind sie klatschnass.

„Du blöde Kuh!", würde sie am liebsten schreien. Aber sie kriegt kein Wort heraus. Nur Tränen stürzen ihr aus den Augen. So viele, dass sie überhaupt nichts mehr sieht. Das Mädchen von nebenan steht da wie erstarrt. Denn Lisa hört und hört nicht auf zu weinen. Plötzlich fragt das Mädchen: „Warum weinst du denn so?"

„Weil ... weil", schluchzt Lisa, „weil alles hier so doof ist. Und weil es früher, daheim, viel schöner war. Weil ich da eine Freundin hatte und einen Kater. Und weil du so gemein zu mir bist!"

Das Mädchen von nebenan legt vorsichtig den Arm um Lisas Schulter. „Dann hast du also auch Heimweh? Genau wie ich?"

Schlagartig hört Lisa auf zu weinen und schaut die andere mit großen Augen an. „Du bist auch neu hier? Das hab ich gar nicht gewusst."

Das Mädchen nickt. „Ich bin die Sarah", sagt sie. „Kommst du nach der Schule zu mir? Dann zeig ich dir meine Meerschweinchen."

„Klar", sagt Lisa und lacht.

Dann rennen sie in die Schule, denn es hat schon längst geklingelt.

Harald Parigger · Manfred Tophoven

Meine allerschönsten Schmunzelgeschichten

Martina isst am liebsten Gummibärchen. Doch dann beobachtet sie eines Nachts eine rauschende Gummibärchenparty. Ob sie nach diesem Erlebnis noch Appetit auf die bunten Bären hat?

Familie Kuschler wünscht sich ein Haustier, und schon steht Benny Banana vor der Tür.
Er sorgt für einigen Wirbel, denn er kann sprechen und benimmt sich meistens unmöglich. Außerdem ist Benny Banana ein ausgewachsener Orang-Utan!

80 Seiten, mit vielen farbigen Illustrationen.

www.schneiderbuch.de

Gabriele Roß · Friederike Spengler

Meine allerschönsten
Gutenachtgeschichten

Lukas kann nicht einschlafen. Zum Glück kennt seine Mutter
viele spannende und lustige Geschichten.
Zum Beispiel vom Schwein, das Urlaub macht und plötzlich
schreckliches Heimweh bekommt. Von Prinzessin Hopsasa,
die nie in ihrem Bett schlafen will, bis sie einen sehr merkwür-
digen Traum hat. Von einem geheimnisvollen, riesengroßen Ei,
das der Hund Hugo auf dem Bauernhof aufspürt. Was daraus
wohl schlüpfen wird?

80 Seiten, mit vielen farbigen Illustrationen.

www.schneiderbuch.de